Made in the USA
Las Vegas, NV
08 December 2024

13568430R00069